BENCHMARKING

Mit Vorbildern über sich hinauswachsen

Verfasst von Antoine Delers
In Zusammenarbeit mit Brigitte Feys
Übersetzt von Mareike Lobeck

Business 50MINUTEN.de

BENCHMARKING

SCHLÜSSELINFORMATIONEN

- **Bezeichnungen:** Benchmarking, Leistungsvergleich, vergleichende Leistungsbewertung
- **Anwendungsbereiche:** Benchmarking wird hauptsächlich in Unternehmen eingesetzt, findet jedoch auch im Pflegesektor sowie im öffentlichen Dienst immer mehr Anwendung. Die Management-Methode ist für alle Abteilungen eines Unternehmens geeignet – von IT bis hin zu After-Sales-Service und Kundendienst.
- **Warum ist es so gut?** Mit Benchmarking werden die Risiken von Entwicklung und Innovation begrenzt, da ein Unternehmen so Praktiken übernehmen kann, die von anderen entwickelt wurden und sich bereits bewährt haben.
- **Schlüsselwörter:**
  - <u>Leistungsvergleich</u>: Bewertung einer Methode, eines Prozesses oder eines Unternehmens, um sie anschließend mit anderen Bewertungen zu vergleichen

- <u>Benchmark</u>: Bezugswert/Anhaltspunkt, an dem eine Leistungskennzahl gemessen werden kann
- <u>Best Practices</u>: beispielhafte Praktiken und Prozesse eines bestimmten Unternehmens
- <u>Wettbewerber</u>: Person oder Gruppe, die mit anderen im selben Sektor konkurriert
- <u>Leistungskennzahl</u>: Messwert, der aus der Bewertung eines Prozesses hervorgeht
- <u>Markt</u>: Im engeren Sinne umfasst dieser alle Unternehmen, Kunden und Zulieferer, die einem bestimmten Geschäftsfeld/Tätigkeit – individuell oder als Gruppe – zugeordnet sind. Im weiteren Sinne gehören auch Produkte, Rohstoffe und weitere Parteien dazu, die ebenfalls mit dem Markt interagieren.
- <u>Positionierung</u>: Position, die von einem Produkt bzw. einem Unternehmen (Kultur, Wert) auf einem Markt im Vergleich zu Wettbewerbern eingenommen wird
- <u>Re-Engineering</u>: Restrukturierung zur Verbesserung eines Prozesses oder eines Produkts
- <u>*Xerox*</u>: US-amerikanischer Fotokopierer- und Drucker-Hersteller, der Benchmarking für die eigene Weiterentwicklung eingesetzt hat

EINLEITUNG

Unter Benchmarking wird eine Analyse-Methode für Leistung und Re-Engineering (grundlegende Änderungen der Funktionsweisen eines Unternehmens) verstanden. Hauptziel ist dabei, von den Besten optimale Techniken zu erlernen – dabei kann es sich um Produktion, Lieferung, Qualität, Auswahl der Zulieferer etc. handeln –, um anschließend das Erlernte so effizient wie möglich in die eigene Organisation zu übernehmen.

Hintergrund

Die Anfänge des Benchmarkings gehen auf das 6. Jahrhundert v. Chr. zurück, als der chinesische General Sunzi (544-496 v. Chr.) in seinem Werk *Über die Kriegskunst* schrieb: „Wenn du den Feind und dich selbst kennst, wirst du den Ausgang von hundert Schlachten nicht zu fürchten haben". Obwohl der Ansatz, die Strategien seiner Konkurrenten zu analysieren, also schon sehr alt ist, wird die Benchmarking-Methode wie wir sie heute kennen erst in den 1980er Jahren entwickelt, um sich schließlich in der modernen Wirtschaftswelt durchzusetzen. Die Definition des Prinzips stammt von *Xerox*: Das Unternehmen wurde von seinen Wettbewerbern überrannt und führte daher die Strategie ein, die Best Practices in einem der eigenen Tochterunternehmen zu untersuchen, um diese dann im ganzen Unternehmen umzusetzen. Dabei handelte es sich vor allem um Fragen der Lagerverwaltung, da Lagerung sehr kostspielig ist. Mit dieser Untersuchung externer Einheiten gelang es *Xerox* schließlich, seine Geschäftstätigkeiten und Finanzen zu sanieren und wieder eine wichtige Position auf dem Markt einzunehmen, während die Organisation auch insgesamt leistungsstärker wurde.

GUT ZU WISSEN: *ÜBER DIE KRIEGSKUNST* (AUCH *DIE KUNST DES KRIEGES*) VON SUNZI

Über die Kriegskunst ist eines der ältesten bekannten Strategiewerke der Welt und erläutert die besten Militärtaktiken für Schlachten zwischen zwei Königreichen. Die vorgestellten Techniken – allgemeine Strategien der Machtübernahme und Auskundschaftung von Gegnern und

Terrain – können heute leicht auf Unternehmen übertragen werden. Zahlreiche Autoren haben in ihren eigenen Werken die Erkenntnisse aus *Über die Kriegskunst* zu direkt für Unternehmen anwendbaren Prinzipien umformuliert und richten sich damit an Geschäftsführer, die nach Kontrolle in ihrer Organisation und ihrem Markt streben.

Definition

Benchmarking ist ein Analyseinstrument für Prozesse, Statistiken, Produkte und Dienstleistungen, die aus einem benachbarten Umfeld kommen: von einem Wettbewerber, Partner oder einer anderen Abteilung im selben Unternehmen. Das Hauptziel der Methode ist, dem Unternehmen Verbesserungsmöglichkeiten aufzuzeigen. Das Unternehmen möchte dabei mittels Vergleichsanalysen verstehen, warum einige Organisationen leistungsstärker sind als andere und vor allem, wie effiziente Strategien der Wettbewerber in die eigene Organisation übernommen werden können. Da Benchmarking vor allem in Unternehmen angewendet wird, zielt es darauf ab, eine Reihe an Funktionsweisen– deren Effizienz bereits in anderen Einheiten nachge- wiesen wurde – zu beobachten, zu messen, zu vergleichen und anzuwenden.

BENCHMARKING IN DER THEORIE

Da, wie Sunzi sagt, Schlachten gewonnen werden, wenn man seine Feinde gut kennt, untersuchen zahlreiche Führungspersonen – ob beim Militär oder im Unternehmen – die Stärken und Schwächen ihrer Gegner, um so ihre eigene Strategie zu verbessern.

Heutzutage erscheint es nahezu undenkbar, sich als Unternehmen nicht mittels aufmerksamer, intensiver und kontinuierlicher Überwachung über Strategien und Innovationen der Wettbewerber zu informieren, damit der eigene Marktanteil gehalten bzw. vergrößert werden kann. In den letzten fünfzig Jahren führte die Entwicklung bei Nachfrage und Angebot von Produkten zu einer Verschiebung der Machtverhältnisse: Die Macht liegt nun bei den Kunden, während die Nachfrage das Angebot bestimmt – was vor dem Zweiten Weltkrieg keineswegs der Fall war. Es reicht heute nicht mehr aus, ein Produkt zu fertigen, das lediglich den Ansprüchen einer bestimmten Verbrauchergruppe genügt, wenig innovative Dienstleistungen zu entwickeln oder eine Marketingabteilung ohne Weitsicht zu führen.

Um nicht unterzugehen, müssen Unternehmen ihre Wettbewerbsstrategien anpassen und sehr schnell auf Bedürfnisse, Wünsche und Erwartungen der potenziellen Kunden reagieren bzw. sie vorhersehen. Genau hier setzt Benchmarking an, da es als operatives Strategieinstrument eine kontinuierliche Verbesserung der Prozesse innerhalb eines Unternehmens ermöglicht: Dies umfasst einen besseren Kundenservice, hochinnovative sowie kostengünstigere Produkte – also lauter Mehrwertangebote an die Kunden.

ARTEN DES BENCHMARKINGS

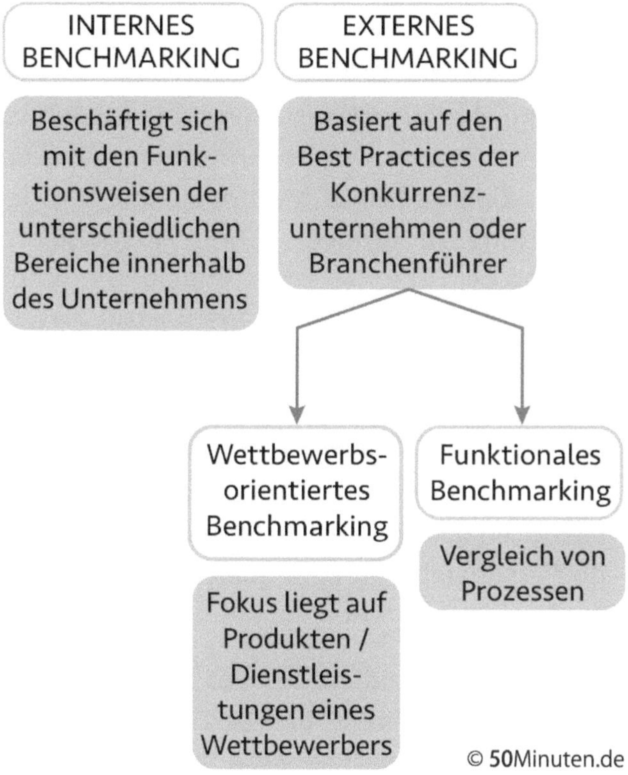
INTERNES BENCHMARKING
Beschäftigt sich mit den Funktionsweisen der unterschiedlichen Bereiche innerhalb des Unternehmens
EXTERNES BENCHMARKING
Basiert auf den Best Practices der Konkurrenzunternehmen oder Branchenführer
Wettbewerbs-orientiertes Benchmarking
Fokus liegt auf Produkten / Dienstleistungen eines Wettbewerbers
Funktionales Benchmarking
Vergleich von Prozessen
© 50Minuten.de

Internes Benchmarking

Bei dieser Art des Benchmarkings basiert die Vergleichsanalyse auf verschiedenen, unternehmenseigenen Abteilungen, sodass die besten Praktiken herausgefiltert und anschließend auf das ganze Unternehmen ausgeweitet werden. Eine effiziente Methode, Akten in der Buchhaltung zu ordnen, könnte so beispielsweise von der Personalverwaltung übernommen werden. Der Erfahrungsaustausch ist in diesem Fall sehr wichtig, zumal die Abteilungen möglicherweise täglich miteinander zu tun haben.

Diese Methode ist am einfachsten umzusetzen, da

- die Daten quasi sofort verfügbar sind
- die Personalabteilung für die Zusammenarbeit zur Verfügung steht

Allerdings erreicht diese Art des Benchmarkings keine revolutionären Erneuerungen, da ein Unternehmen meist sowieso recht homogen strukturiert ist und sich die Arbeitsabläufe daher häufig ähneln. Das liegt vor allem an Unternehmenskultur und gemeinsamen Werten, aber auch an Beförderungen und internen

Umstrukturierungen, die ohnehin schon Ideen und gute Praktiken im Unternehmen weiterverbreiten.

Externes Benchmarking

Diese Art des Benchmarkings ist am weitesten verbreitet. Sie basiert nicht auf den Abteilungen ein und desselben Unternehmens – stattdessen werden Konkurrenzunternehmen und Unternehmen anderer Branchen analysiert, von denen bekannt ist, dass sie im untersuchten Bereich führend sind. Es steht demnach außer Zweifel, dass ein solches Benchmarking Mehrwert bringen wird, da es Best Practices aufzeigt, die sich eventuell sehr stark von den bisher im Unternehmen verwendeten Herangehensweisen unterscheiden.

Tochterunternehmen, Partnerunternehmen, im Internet verfügbare Fallstudien, Kongresse sowie Unternehmensmessen dienen als hauptsächliche Informationsquellen.

Wettbewerbsorientiertes Benchmarking

Eine solche Vergleichsanalyse wird anhand eines Konkurrenzunternehmens in der gleichen Branche erstellt. Dazu werden Strategie, Innovationen bei Produkten und Dienstleistungen, Kosten und Fertigungszeit ebenso wie der Verkaufsservice betrachtet, um die Anforderungen sowohl bestehender als auch potenzieller Kunden bestmöglich zu erfüllen.

Die Umsetzung dieser Art des Benchmarkings ist am schwierigsten: Die erforderliche Informationsbeschaffung kann langwierig sein und auf Zufall beruhen, da man sich dabei meist auf allgemeine Werte stützt, die das Konkurrenzunternehmen von sich aus veröffentlicht, wie etwa allgemeine Geschäftszahlen oder interne, nicht-strategische Methoden.

Funktionales Benchmarking

Diese Art des Benchmarkings stützt sich nur auf Unternehmensprozesse, die so allgemein sind, dass sie auch auf Unternehmen anderer, teils deutlich unterschiedlicher Branchen angewendet werden können. Beim funktionalen

Benchmarking können also Unternehmen aus anderen Märkten gewählt werden, solange diese in ihrem Bereich führend sind. Häufig wird dann eine Partnerschaft geschlossen. Dies hat den Vorteil, dass Informationen und Best Practices so einfacher ausgetauscht werden können.

Der große Nachteil dieser Methode ist fehlende Übereinstimmung von Strategien, Kulturen und Geschäftsfeldern, wodurch die Umsetzung eines nutzbringenden Benchmarkings erschwert wird.

SCHON GEWUSST?

Keinen Zugriff auf vertrauliche Informationen seiner Wettbewerber zu haben ist nicht immer problematisch. So kann Benchmarking beispielsweise dazu genutzt werden, allgemeine statistische Daten über Kosten und Fertigungszeiten zu sammeln – ohne sich dabei mit den zugehörigen Erfolgsfaktoren zu beschäftigen –, um den Wettbewerber dann mit selbstentwickelten Methoden herauszufordern. Dies kann als ergebnisorientiertes Benchmarking bezeichnet werden.

ANWENDUNG IM UNTERNEHMEN

Heutzutage wird Benchmarking quasi überall eingesetzt. Prozesse oder Abläufe können in allen operativen und funktionalen Bereichen eines Unternehmens verbessert werden – sogar in der Gebäudeinstandhaltung. Mit einem aktiven und innovativen Unternehmen aus der Gebäudeinstandhaltungsbranche als Vorbild kann auch dieser Unternehmensbereich optimiert werden.

Beispiel 1 – Verbesserung des Kundenservice

Eines der Haupteinsatzgebiete des Benchmarkings ist die Verbesserung des Kundenservice, der sowohl vor als auch nach dem Kauf angeboten wird. Ein sehr anschauliches Beispiel ist die Wartezeit für Gäste bei ihrer Ankunft im Hotel. In diesem Fall können die administrativen Abläufe und/oder die Arbeit der Reinigungsteams betrachtet werden. Um Wartezeiten zu reduzieren, bietet es sich beispielsweise an, funktionales Benchmarking anzuwenden und im Krankenhaus X die Bettenbelegung in der Notaufnahme zu untersuchen. Da das System dort selbstverständlich schnell und effizient funktionieren muss, kann es als gutes Beispiel für leistungsstarken Kundenempfang dienen. In der Tat kann der erste Eindruck am Empfang einen wichtigen Faktor bei der Hotelwahl darstellen.

Beispiel 2 – Niederlassung im Ausland

Bei der Gründung von Niederlassungen im (bisweilen weit entfernten) Ausland kann es häufig zu Problemen kommen, die mit kulturellen Unterschieden zusammenhängen: Diese bestehen beispielsweise zwischen ursprünglichen und zukünftigen Kunden, aber auch in den Verhältnissen zwischen Angestellten und Geschäftsführung sowie zwischen Gewerkschaften und Verwaltungsorganen (Geschäftsführung und Verwaltungsrat).

Eine wettbewerbsorientierte oder funktionale Benchmarking-Analyse von Unternehmen, welche sich schon vor Ort etabliert haben, kann hilfreich sein, um Anpassungsschwierigkeiten bei der Niederlassung zu meistern.

Beispiel 3 – Verbesserung der Verwaltungsprozesse

Benchmarking kann ebenfalls bei der Umsetzung innovativer Lösungen für Verwaltungsprozesse eingesetzt werden. Bestehen in einem Unternehmen zahlreiche verwaltungstechnische Aufgabenbereiche, dient die öffentliche Verwaltung beispielsweise als gutes Vorbild. Gerade eine bessere Organisation des Posteingangs und -ausgangs kann bereits sehr positiv aufgenommen werden.

Andere Verbesserungen

Neben den bereits betrachteten konkreten Beispielen kann Benchmarking auch auf die verschiedensten Branchen angewandt werden. Analysen können sich dabei sowohl auf die Gesamtheit der Produkte und Dienstleistungen als auch auf Arbeitsabläufe beziehen. Dazu gehören vor allem allgemeine Geschäftsstrategie, Management von Produkt- und Dienstleistungsinnovation und -entwicklung, Personalverwaltung, Management der Produktions- und Vertriebsprozesse (kürzere Fristen und geringere Kosten in der Zulieferkette) und vieles mehr.

VORTEILE DES BENCHMARKINGS

Benchmarking bietet Unternehmen zahlreiche Vorteile – da das Streben nach Effizienz für den Fortbestand des Unternehmens essentiell ist –, zumal die Implementierungsmöglichkeiten nahezu unerschöpflich sind. Zu den Vorteilen gehören:

- **effizientere Prozesse:** Mithilfe der unter Unternehmen und Abteilungen ausgetauschten erprobten Vorgehensweisen lassen sich alle Prozesse verbessern, damit diese entsprechend effizienter, kostengünstiger oder schneller werden.
- **geringe Entwicklungskosten:** Durch das Benchmarking müssen Prozesse nicht mehr neu erfunden werden, sondern lassen sich „benchmarken" – man arbeitet also mit dem, was bereits existiert. Die eingesparten Mittel lassen sich so in andere Projekte investieren.
- **Die Prozesse haben sich schon unter Beweis gestellt und sind Erfolgsgaranten:** Indem Strategien übernommen werden, die bereits anderen Unternehmen zum Erfolg verholfen haben, kann man davon ausgehen, dass diese

wirksam sind und den jeweiligen Ablauf tatsächlich verbessern. Es sollte jedoch bedacht werden, dass zu große Unterschiede zwischen Kultur und Werten zweier Unternehmen die Übertragung nicht immer zulassen.

- **Streben nach steter Verbesserung:** Bei jeder Form des Benchmarkings können die „gebenchmarkten" Abteilungen auch ihre eigenen Best Practices weitergeben. Dies motiviert zudem die Beteiligten: Sie fühlen sich wertgeschätzt, da ihre wirksame Arbeitsweise zur kontinuierlichen Verbesserung im Unternehmens beiträgt.

- **von Anfang an umgangene Schwachpunkte:** Mittels der Analyse von Prozessen verschiedener Unternehmen bzw. von auf dem Markt verfügbaren Produkten kann ein Unternehmen schnell die Schwächen eines jeden erkennen und so vermeiden, die gleichen Fehler zu machen.

BENCHMARKING: SCHWÄCHEN UND ERGÄNZUNGEN

SCHWÄCHEN UND KRITIK

Wie bereits erwähnt, kann Benchmarking für jeden Unternehmensbereich und daher auch von allen Managern, auf jeder Hierarchieebene und in allen Abteilungen angewendet werden. Diese Allgemeingültigkeit weist allerdings nicht zu vernachlässigende Schwächen auf, darunter das Betriebsgeheimnis, das jeder Mitarbeiter wahren sollte, und Kulturunterschiede, die dazu führen, dass manche Benchmark-Techniken nicht entsprechend übertragen werden können.

Abgucken – aber nur von den Besten

Die erste Schwachstelle der Benchmarking-Methode liegt in der Wahl der Partner. Diese ist immens wichtig, da das Unternehmen beim Benchmarking nur die Besten untersuchen sollte, das heißt diejenigen, die durch innovative Prozesse oder Output hervorstechen und sich auf dem Markt bewiesen haben.

Abgucken, aber ohne zu schummeln

Benchmarking ist darauf ausgelegt, wirksame Vorgehensweisen des Nachbarn zu kopieren. Die Grenze zwischen Industriespionage und Benchmarking ist manchmal jedoch so fließend, dass es bei direkten Wettbewerbern oft besser sein kann, sich auf öffentliche Daten zu beschränken oder sich anderen Partnern zuzuwenden, wie beispielsweise Zulieferern oder Vertriebsgesellschaften.

Gute Praktiken für das eigene Unternehmen entdecken

Nicht alle Methoden lohnen sich. Zudem müssen zunächst die Erfolgsfaktoren eines Unternehmens erkannt werden. Ist eine Bücherlieferung sehr schnell, heißt das nicht automatisch, dass die Motorleistung des Lieferwagens besonders hoch ist. In den meisten Fällen wäre hier vielmehr eine gelungene Logistikinfrastruktur die Ursache. Dieses vereinfachte Beispiel veranschaulicht, dass mit Prozessanalysen die tatsächlichen Erfolgsfaktoren deutlich werden.

Kultur- und Strategieunterschiede beachten

Nicht alle Ideen sind überall hin übertragbar. Mitarbeiter über den Umsatz zu motivieren funktioniert zwar hervorragend für ein Verkaufsteam, wäre in der Buchhaltung aber weniger wirksam. Genauso ist ein Unternehmen, dessen Vision und Strategie vollkommen vom anderen Unternehmen abweichen, für dessen Bedürfnisse nicht unbedingt der ideale Benchmarking-Partner. In der Regel heißt es, dass der untersuchte Prozess umso weniger übertragbar ist, je stärker er sich von dem des benchmarkenden Unternehmens unterscheidet. Das Risiko, bei der Einführung auf Widerstand zu stoßen, steigt dagegen proportional.

Kosten des Benchmarkings vergleichen

Auch wenn sich Benchmarking – gerade bei der Produktentwicklung – durch eine starke Kostenreduktion dank der Verwendung bereits bestehender Techniken bzw. Prozesse bezahlt macht, sollte nicht vergessen werden, dass auch die Methode selbst Kosten verursacht. Aus geknüpften Partnerschaften, für die Benchmarking-Recherche abgestellten Personen, Zeiträumen für Analyse und Umsetzung entsteht ein Budget, das bei der Einführung des Instruments eingeplant werden muss. Genau wie bei anderen Investitionen ist es auch hier sinnvoll, eine Prognose für den RoI (Return on Investment, Kapitalrendite) zu erstellen, um so beispielsweise die Anzahl der zu untersuchenden Wettbewerber zu bestimmen, die für eine repräsentative Auswahl der verwendeten Praktiken notwendig sind.

Wohlbefinden der Mitarbeiter beachten

Das ständige Überdenken der Funktionsweisen und der damit verbundene Einsatz von Ressourcen für die Anpassung der Prozesse kann von Mitarbeitern bisweilen zähneknirschend aufgenommen werden. Zudem kann der Leistungsvergleich – Herzstück des Benchmarkings – dazu führen, dass Führungspersonen immer mehr Einsatz von ihren Mitarbeitern verlangen, was häufig zu

Überlastung und Stress führt. Um die neuen Praktiken erfolgreich umzusetzen, sollten sich Führungspersonen also vor allem – gerade durch ein effizientes Change Management – darauf konzentrieren, dass jeder auf seine Kosten kommt. Dabei sollte großer Wert auf Kommunikation gelegt werden, damit die Mitarbeiter von den positiven Auswirkungen der Entscheidungen (dazu gehören die eigene Leistung ebenso wie die des jeweiligen Service bzw. des Unternehmens) erfahren und motiviert bleiben.

GUT ZU WISSEN: CHANGE MANAGEMENT BZW. VERÄNDERUNGSMANAGEMENT

Change Management ist ein Management-Ansatz, der sich vor allem mit der Nachverfolgung von Veränderungen innerhalb eines Unternehmens beschäftigt (Kommunikation, psychologische Betreuung etc.). Es wird bei grundlegenden Änderungen in einem Unternehmen angewandt, vereinfacht die Übergangszeiten bei Veränderungen und begleitet die Mitarbeiter, damit jeder einzelne das Vorgehen genau versteht.

ERGÄNZUNGEN UND VERWANDTE MODELLE

Das Benchmarking-Konzept wurde seit den Achtzigerjahren nicht mehr grundlegend verändert – abgesehen von der Wichtigkeit, die heute der quasi systematischen Begleitung der Mitarbeiter (beispielsweise durch Change Management) während der Zeit des Übergangs und der Veränderung zuteilwird, und dem wichtigen Beitrag der Datenverarbeitung, die das Sammeln und Verbreiten von Informationen vereinfacht. Kleinere Entwicklungen gab es beispielsweise bei den empfohlenen Benchmarking-Abläufen oder bei der Benennung der Benchmarking-Formen, von denen die wichtigsten im vorigen Kapitel vorgestellt wurden.

Die Kaizen-Methode, eine Philosophie der kontinuierlichen Qualitätssteigerung

In zahlreichen Produktionsunternehmen wird eine dem Benchmarking ähnliche Methode angewandt: Es handelt sich dabei um eine Philosophie der kontinuierlichen Qualitätssteigerung. Mit der in den Fünfzigerjahren bekannt gewordenen Kaizen-Methode (vom Japanischen kai für „Veränderung" und zen für „zum Besseren") soll der Produktionsprozess einer Fertigungslinie stetig verbessert werden.

> Mach es besser, mach es noch besser, verbessere es, selbst wenn es nicht kaputt ist, denn tun wir es nicht, können wir nicht mit denen mithalten, die es tun. (Anonym)[1]

Total-Quality-Management (TQM)

Das in Japan entwickelte Total-Quality-Management (auf Deutsch auch „umfassendes Qualitätsmanagement") befasst sich mit allen Ressourcen einer Produktionskette. Alle Mitarbeiter sind für die kontinuierliche Qualitätskontrolle bei jedem Schritt der Produktion mit verantwortlich.

Hauptziel ist dabei, die Anzahl der Fehler und das Ausmaß der Verschwendung zu reduzieren, um schließlich zu überprüfen, ob in der gesamten Kette alles funktioniert. Dieser Ansatz

---

1. Übersetzt für 50Minuten.de

weist recht offensichtliche Ähnlichkeiten mit Benchmarking auf, da beide Methoden kontinuierlich ausgeführt werden.

Demingkreis (PDCA-Zyklus)

Auch der Demingkreis dient der kontinuierlichen Qualitätssteigerung. Er setzt sich aus vier Phasen zusammen:

- *Plan* (planen, Ziele setzen)
- *Do* (zur Tat schreiten und die Ziele umsetzen)
- *Check* (Ergebnisse anhand der Vorhersagen überprüfen)
- *Act* (handeln, verbessern und anpassen)

Wie der Name des Modells schon erahnen lässt, sollten die verschiedenen Phasen im laufenden Betrieb kontinuierlich durchschritten werden. Ziel dabei ist, über Verbesserungsmöglichkeiten nachzudenken, sie zu konkretisieren, zu überprüfen, dass alles funktioniert und dann wieder von vorne zu beginnen.

Die DMAIC-Methode bei Six Sigma

- *Define*: Inhalts- und Zieldefinition für das Vorgehen
- *Measure*: Leistungsmessung

- *Analyze*: Prozessanalyse, um Probleme zu erkennen
- *Improve*: Ausführung notwendiger Verbesserungen
- *Control*: Kontrolle und Anpassungen

Die Six-Sigma-Methode dient der Qualitätssteigerung der Produkte und der Verbesserung von Produktionsprozessen. Sie basiert auf im Vorfeld definierten und gemessenen Daten, die letztendlich dazu dienen, die Anzahl an Produktfehlern zu senken. Mit der DMAIC-Methode kann Six Sigma dank der Nachverfolgung der verschiedenen Schritte (die den Phasen des Demingkreises ähneln) in Unternehmen angewandt werden.

Beide Ansätze haben große Ähnlichkeiten mit Benchmarking und können miteinander kombiniert werden. Benchmarking ist – wie bereits erwähnt – ein Qualitätsansatz, der nicht nur einmal auszuführen ist, sondern Unternehmen kontinuierlich helfen soll, auf Entwicklungen zu reagieren und mit dem Markt mitzuhalten.

BENCHMARKING IN DER PRAXIS

Im Folgenden werden die verschiedenen Einführungsphasen der Benchmarking-Methode in einem Unternehmen betrachtet. Da man sich in der Fachliteratur nicht über eine bestimmte Anzahl von Schritten einig ist, wird hier eine Einteilung in fünf Hauptphasen vorgestellt:

Die fünf Phasen des Benchmarkings

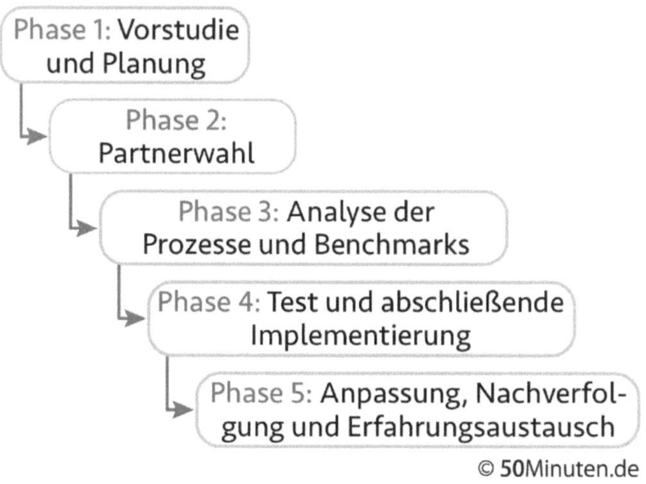

© 50Minuten.de

Zum besseren Verständnis wird das Konzept allgemein betrachtet, da die Anwendung in jedem Fall für Produkte, Dienstleistungen sowie für alle Formen von Benchmarking gilt.

PHASE 1 – VORSTUDIE UND PLANUNG

Die erste Phase des Benchmarkings ist essentiell, da hier die zu analysierenden Prozesse festgelegt und die für das Projekt einzusetzenden Mittel zugeteilt werden. Diese Phase besteht aus drei Schritten:

- Wahl der Prozesse
- Wahl der Ressourcen
- Planung und Berechnung der Gesamtkosten

Wahl der Prozesse

Benchmarking wird häufig aufgrund eines konkreten, initialen Handlungsbedarfs des Unternehmens (externe Bedrohung oder interne Missstände) eingeführt.

Dabei kann es sich beispielsweise um wachsenden Wettbewerbsdruck handeln, durch den das Unternehmen Marktanteile verliert. In diesem

Fall sollte das Unternehmen alles daransetzen, die Ursachen aufzudecken, die in mangelnder Innovation der Forschungs- und Entwicklungs- oder der Marketingabteilung, in der Veraltung des Produkts, im Eintritt neuer Wettbewerber auf den Markt oder auch im Erfolg von Substitutionsprodukten liegen können.

Auch mangelnde Innovation im Produkt- bzw. Dienstleistungsportfolio kann zu Handlungsbedarf führen. Das Portfolio braucht dementsprechend eine Überholung, um für Kunden wieder attraktiv zu werden. In solchen Fällen kommt die Benchmarking-Anfrage häufig von der Marketingabteilung, die auf Grundlage ihrer Marktstudien einen zukünftigen Rückgang der Verkaufszahlen prognostiziert. Das Unternehmen wird also präventiv handeln, um sein Angebot, seine Positionierung und die Abgrenzung zu den stärksten Wettbewerbern zu erneuern.

Handlungsbedarf kann ebenso entstehen, wenn die Produktionstechnik nicht mehr auf dem aktuellen Stand ist und keine qualitativ hochwertige oder kostengünstige Produktion ermöglicht. Diese Schwachstelle stellt einen

Wettbewerbsnachteil für das Unternehmen dar. Je nach Umfang des Prozesses bzw. des Produktportfolios, des entsprechenden Anteils an Profit und allgemeiner Leistung des Unternehmens, kann dieses beschließen, Benchmarking für ein oder mehrere Einheiten durchzuführen, die die gleichen Methoden verwenden – oder sich stattdessen auf einen bestimmten Unternehmensbereich konzentrieren und dort alle Prozesse analysieren.

Wahl der Ressourcen

Meistens ist es Aufgabe des Projektleiters, neben den jeweiligen Bereichen auch die Mitarbeiter für den Benchmarking-Prozess auszuwählen – die Auswahl hat dabei das Ziel, kollektive Intelligenz zu schaffen, die ihrerseits Synergien und Erfahrungsaustausch fördern soll. Im besten Fall besteht die Arbeitsgruppe bzw. Task Force aus:

- **dem Projektleiter:** Dieser definiert das Problem und dessen tatsächliche und/oder potenzielle Konsequenzen, koordiniert das gesamte Projekt, teilt die Arbeit zu, kümmert sich um Projektplanung und -kosten und stellt die direkte Verbindung mit dem untersuchten Partner sowie mit den entsprechenden Hierarchieebenen im eigenen Unternehmen sicher.

- **den Analysten:** Sie untersuchen die Prozesse und Produkte, die es zu benchmarken gilt, und beschäftigen sich je nach ihrer Qualifikation mit spezifischeren Punkten. Ein Vertriebsingenieur wird sich mehr mit der Wahl neuer Produkte beschäftigen, während sich ein Business Analyst um die Umsetzung neuer Prozesse kümmern wird.
- **dem vom Projekt direkt betroffenen Team:** Hierbei handelt es sich um die vom Benchmarking anvisierte Abteilung. Die Mitarbeiter müssen zur Verfügung stehen, um den Analysten alle Informationen über die aktuellen Prozesse und die dabei aufgetretenen Probleme zu übermitteln. Außerdem sind ihre Erfahrungen und Perspektiven zu diesem Zeitpunkt essentiell, selbst wenn es nur darum geht, die spätere Umsetzung der beschlossenen Veränderungen zu erleichtern.
- **diversen Experten:** Diese können je nach Bedarf eingreifen – beispielsweise die verantwortliche Person für das Veränderungsmanagement, die die Mitarbeiter während des gesamten

Projekts betreut, oder die verantwortliche Person für die Verwaltung von Kenntnissen, die anderen Bereichen helfen können.

Planung und Berechnung der Gesamtkosten

Im letzten Schritt dieser ersten Phase werden die Projektkosten berechnet. Dabei handelt es sich um Kosten für zugeteilte Mitarbeiter (das heißt den verschiedenen gelegentlich bzw. dauerhaft Beteiligten), aber auch um Kosten, die bei der Zusammenarbeit mit Partnerunternehmen oder bei der geplanten Prozessveränderung anfallen. Die Schwierigkeit bei der Abschätzung der Kosten ist natürlich proportional zur Komplexität des jeweiligen Projekts.

Zweck dieses letzten Schritts ist, alle Ziele für die gesamte Projektlaufzeit festzulegen, um so einen Gesamtüberblick zu schaffen. Diese Planung kann grafisch dargestellt werden, beispielsweise mithilfe eines Gantt-Diagramms (siehe Fallstudie).

PHASE 2 – PARTNERWAHL

Die Wahl des Partners erfolgt unter strategischen Gesichtspunkten. Ein Unternehmen wendet sich für sein Benchmarking daher häufig an Unternehmen, die sich bewiesen haben und in ihrer Branche Marktführer geworden sind, oder an solche, die im Hinblick auf Produkte, Markt und Ressourcen Ähnlichkeiten aufweisen:

- **Wahl der Partnerschaft mit einem anderen Unternehmen:** Meist wird hier eine Vereinbarung über einen bestimmten Zeitraum getroffen, der einige Monate bis hin zu einigen Jahren umfassen kann. Diese Vereinbarung legt auch die Arbeitsmethoden und die Art der jeweiligen Ressourcen fest.
- **Wahl eines internen Bereiches oder einer Tochtergesellschaft des Unternehmens:** In diesem Fall ist der Informationsaustausch einfacher und der Vertrag informeller. Eine Möglichkeit ist auch, dass Mitarbeiter intern den Bereich wechseln und so Best Practices verbreiten. Dies erleichtert den Benchmarking-Prozess.
- **Wahl eines Wettbewerbers:** Hier stützt sich das Unternehmen auf öffentlich zugängliche

Daten des Wettbewerbers, wie Statistiken (z. B. Nielsen-Daten), bei Kongressen oder Konferenzen vorgestellte Prozesse oder über Dritte (Zulieferer, Vertriebsgesellschaften etc.) und Kunden gesammelte Informationen.

PHASE 3 – ANALYSE DER PROZESSE UND BENCHMARKS

Analyse der alten und neuen Prozesse

In dieser dritten Phase untersuchen die Analysten die zu ändernden internen Prozesse sowie die Prozesse des Partners, die übernommen oder sogar noch verbessert werden sollen, um so aus einem Wettbewerbsvorteil Kapital zu schlagen.

- Es ist wichtig, die internen Prozesse zu analysieren, da definiert werden muss, woran und wie die Teams arbeiten sollen. Außerdem ist es notwendig, die aktuelle Leistung zu messen, um sie mit der Zielsetzung zu vergleichen, nachdem das Benchmarking umgesetzt wurde.
- Genauso wichtig ist es, die Prozesse des Partners zu analysieren, um die Gründe für dessen Erfolg (Best Practices) nachzuvollziehen und anschließend selbst umzusetzen. Es

handelt sich also nicht nur um eine einfache Leistungsanalyse, sondern um detaillierte Recherche über Funktionsweisen und Prozesse.

Definition der Benchmarks

Ein Benchmark ist der Leistungsmaßstab, auf dem die Vergleichsanalyse des Benchmarkings basiert. Eine möglichst präzise Definition (quantifizierbare Merkmale, Fristen etc.) ermöglicht den Vergleich von verschiedenen Indikatoren – sowohl intern, als auch bei den Partnern –, um so realistische Ziele zu setzen.

Diese Ziele orientieren sich an Kundenerwartungen. Mittels Marktstudien oder Verbraucherumfragen kann der ideale Preis für ein Produkt ermittelt werden – bzw. der Wert, der ihm zugeschrieben wird. Das Unternehmen setzt sich seine Ziele (Marketing-Strategien, Positionierung, Preispolitik) also abhängig vom Preis und den von den Partnern erhaltenen Richtwerten.

PHASE 4 – TEST UND ABSCHLIESSENDE IMPLEMENTIERUNG

Implementierungstests

Vor der Einführung des Benchmarkings sollte eine Testphase vorgesehen werden, während der überprüft wird, ob Verbesserungen möglich sind – ohne dabei jedoch den Betrieb des Unternehmens zu stören.

So kann z. B. die potenzielle neue Umgebung zunächst simuliert werden. Dabei testet entweder der gesamte Bereich oder nur ein Teil davon die angestrebten Verbesserungen – ohne Konsequenzen im Fall von Problemen, da die Implementierung ja lediglich simuliert ist. Eine weitere Vorgehensweise ist, die Verbesserungen direkt in einem abgegrenzten Teil der Abteilung zu testen, um auch hier die Konsequenzen im Fall von Problemen zu limitieren.

Umsetzung der Benchmarking-Ergebnisse

Der äußerst wichtige Schritt der Umsetzung des Benchmarkings kann so schließlich unter idealen

Bedingungen ablaufen. Manche Veränderungen von Prozessen können die Arbeit eines Unternehmens von Grund auf ändern, genauso wie neue Produkte, die auf den Markt gebracht werden. Mitarbeiter sollten daher in dieser Übergangsphase gut begleitet werden (Change Management). Dabei sind die folgenden Punkte zu beachten:

- Ernennung einer Ansprechperson, die den gesamten Prozess des Change Managements leitet
- Einführung des Prozesses von oben nach unten (Top-to-Bottom), um zuerst die Manager einzubinden, sicherzugehen, dass sie die Wichtigkeit der eingeführten Veränderung(en) verstehen, damit diese ihrerseits ihre Mitarbeiter informieren und motivieren können
- Kommunikation während des gesamten Projekts, da umfassende Veränderungen oft kurz- und mittelfristig zunächst noch keine erkennbaren Resultate zeigen, was Mitarbeiter verunsichern könnte. Wirksame, transparente und regelmäßige Kommunikation innerhalb des Unternehmens kann solchen Problemen vorbeugen.

PHASE 5 – ANPASSUNG, NACHVERFOLGUNG UND ERFAHRUNGSAUSTAUSCH

Diese letzte Phase besteht wiederum aus drei Schritten:

- **Finetuning, bei dem letzte, für die Wirksamkeit der Prozesse notwendige Anpassungen getätigt werden:** Dies können beispielsweise Korrekturen am neuen Produkt oder die Einstellung einer zusätzlichen Person in der neuen Produktionskette sein.
- **Nachverfolgung der im Vorfeld definierten Indikatoren:** Es ist äußerst wichtig, die Entwicklungen innerhalb des Unternehmens zu messen und sie mit den Benchmarks zu vergleichen, die in Phase 3 als Leistungsindikatoren vorgesehen wurden.
- **Erfahrungsaustausch:** Dieser ermöglicht, von den neuen Kenntnissen zu profitieren und sie so zukünftig effizient (schneller und kostengünstiger) einzusetzen. Dazu wird Wissensmanagement immer wichtiger.

FALLSTUDIE – *AUTOMATIC*

Ausgangssituation

Die Kunden des Automobilherstellers *AutoMatic* kommen hauptsächlich aus Europa, allerdings hält das Unternehmen auch Marktanteile in Asien und Südamerika. Es ist zwar mit den Verkäufen auf diesen beiden Kontinenten zufrieden, möchte sich aber auf seinen Hauptmarkt Europa konzentrieren. *AutoMatic* produziert aktuell den Großteil der Einzelteile seiner Autos in Osteuropa, während der Rest – hauptsächlich standardisierte Werkstücke, die in den meisten Automodellen verwendet werden – in Asien hergestellt wird.

AutoMatic kennt seine Kundschaft und deren Anforderungen: Familien der Mittelschicht und Alleinstehende, die einfache, funktionale und vor allem günstige Autos suchen. Das Produkt hat daher keine Extras und kann nur wenig personalisiert werden. Im Gegenzug müssen die Kunden nach der Bestellung nicht monatelang auf ihr Auto warten.

Aufgrund der Kundenanforderungen und der allgemeinen Strategie von *AutoMatic* hat sich der Verantwortliche des Benchmarking-Projekts zum Ziel gesetzt, drei Prozesse zu optimieren:

- Prozess 1: Fertigungszeit eines Fahrzeugs
- Prozess 2: Lieferzeit (zwischen dem Ende der Fertigung und der tatsächlichen Lieferung)
- Prozess 3: Produktionskosten für das Fahrzeug

Nachdem er persönlich sein Projektteam von Ingenieuren zusammengestellt hat, kann sich der Projektleiter mit der ersten Phase beschäftigen: der Planung.

Planung des Benchmarkings

Die Planung ermöglicht dem Projektleiter, einen Überblick über die verschiedenen schon bestehenden bzw. später mit dem Benchmarking einzuführenden Tätigkeiten zu behalten. Dazu bietet sich das Gantt-Diagramm an – eines der beliebtesten Projektmanagement-Instrumente.

GUT ZU WISSEN: DAS GANTT-DIAGRAMM

Das 1917 vom amerikanischen Ingenieur Henry Gantt (1861-1919) entwickelte Gantt-Diagramm legt die verschiedenen Schritte eines Projekts dar. Das Diagramm gibt gleichzeitig einen Gesamtüberblick und eine detaillierte Sicht über den Fortschritt. Für die Umsetzung gibt es zahlreiche Computerprogramme, wobei das bekannteste *Microsoft Project* ist.

Gantt-Diagramm

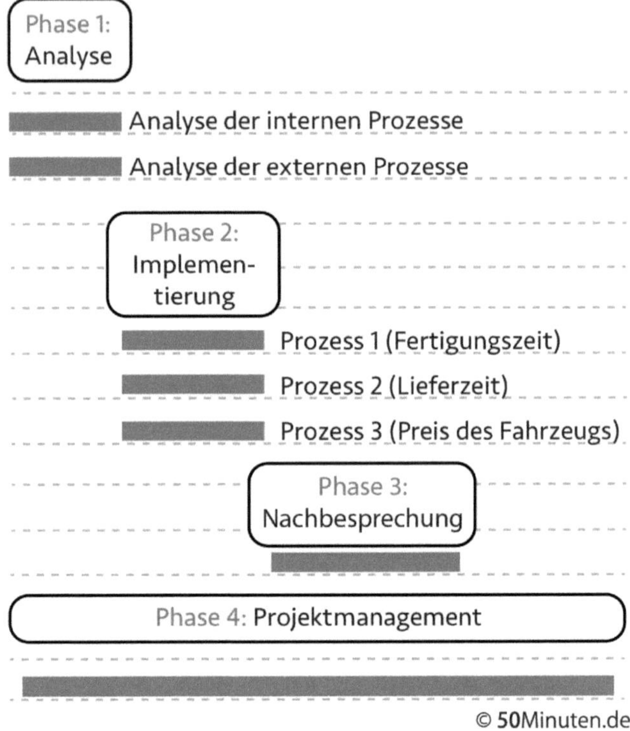

Die roten Balken stehen für die verschiedenen Tätigkeiten in den fünf Phasen. Position und Länge der Balken geben Auskunft über Zeit und Dauer, wobei die hier aufgeführten Angaben lediglich als Beispiel gelten.

Partnerwahl

AutoMatics Partnerwahl erfolgt unter strategischen Gesichtspunkten und ermöglicht so eine bessere Verwendung der Benchmarking-Methode.

- **Um die Fertigungszeiten zu reduzieren**, orientiert sich der Projektleiter an der Entwicklung von Passagierflugzeugen, da diese eine ebenso genaue Organisation benötigt und das Prinzip der Just-in-time-Produktion nutzt. Nach dem Vorbild der Flugzeugbauer, die eine Vielzahl unterschiedlicher Teile herstellen müssen und daher herausragende Methoden im Bereich der Fertigung entwickelt haben, überträgt *AutoMatic* vor allem die Just-in-time-Produktion. Dazu muss nun jedes Teil zur richtigen Zeit am richtigen Ort sein, um so Produktionsstillstände aufgrund fehlender Werkstoffe zu vermeiden.
- **Um die Lieferzeiten zu reduzieren**, orientiert sich der Projektleiter an der Lieferung von Büchern durch die großen Vertriebsgesellschaften. Diese verwenden leistungsstarke Logistiksysteme sowie Lieferzentren, die strategisch gut in ihrem

Vertriebsgebiet verteilt sind. *AutoMatic* wendet diese Methode an, indem es im Herzen von Europa ein neues Logistikzentrum baut, um seine Kunden so schneller beliefern zu können.

- **Um die Preise an die der stärksten Wettbewerber anzupassen**, orientiert sich der Projektleiter schließlich an der Automobilfertigung in Indien, die für die Entwicklung von einfachen und günstigen Autos bekannt ist. Eine der geplanten Verbesserungen von *AutoMatic*, die auf diesen Kenntnissen aufbauen, besteht darin, die beim Kauf angebotene Standardausstattung zu reduzieren und sowohl für den Innenraum als auch für die Karosserie auf einen minimalistischen Stil zurückzugreifen.

Prozess- und Benchmark-Analyse

Sobald die Planung steht, kann der Projektleiter mit der dritten Phase beginnen: der Prozessanalyse. Dazu fertigt er zwei Analysen an (eine unternehmensinterne und eine externe), die er anschließend miteinander vergleicht. Er untersucht dabei drei Leistungsindikatoren:

- Fertigungszeit für ein Fahrzeug (in Tagen)
- Lieferzeit (in Tagen)
- Preis (in Euro)

Um einen Benchmark (Leistungsmaßstab) fest-legen zu können, vergleicht der Projektleiter die Maßnahmen der Wettbewerber und bildet ein arithmetisches Mittel. Die folgende Tabelle fasst seine Rechercheergebnisse zusammen:

Tabelle der erwarteten Leistung

Prozess \ Wert	Leistungswerte		
	Intern	Bench-marks	Erwartet
P. 1: Fertigungszeit [Tage]	30	25	≤ 25
P. 2: Lieferzeit [Tage]	10	3	≤ 3
P. 3: Kaufpreis für ein Fahrzeug [Euro]	10.000	8.000	8.000

In der ersten Spalte befinden sich die drei durch das Benchmarking zu verbessernden Prozesse, während in den ersten beiden Zeilen die Leistungswerte stehen: aktueller Wert („Intern"), Marktwert, der auf dem Durchschnitt der Wettbewerber beruht („Benchmark"), und schließlich der Wert, der durch das Benchmarking erwartet wird („Erwartet").

Die Tabelle zeigt, dass die Leistung der Wettbewerber besser ist als die von *AutoMatic*, sowohl bei den Zeiten als auch beim Kaufpreis der Fahrzeuge. So können die Wettbewerber ein Fahrzeug im Schnitt innerhalb von nur drei Tagen liefern, während *AutoMatic* dafür zehn Tage benötigt. Die Ressourcen müssen also neu strukturiert werden, um den Durchschnittswert der Wettbewerber zu erreichen – Benchmarking bietet daher einen interessanten Lösungsansatz.

Implementierung

Zur Behebung der Leistungsmängel entscheidet sich der Projektleiter für funktionales Benchmarking, womit er sich auf dem Markt nach den besten Arbeitsweisen umsieht (siehe Auswahl der Partner).

Mit dem Flugzeugbauer als Vorbild für die Fertigung der Fahrzeuge, einer großen Vertriebsgesellschaft für die Lieferung und einem indischen Automobilhersteller für die Fertigungskosten ist es *AutoMatic* gelungen, die Leistung in allen drei Prozessen zu steigern.

Tabelle der fiktiven Leistung

Prozess \ Wert	Leistungswerte			
	Intern	Bench-marks	Erwar-tet	Er-reicht
P. 1: Fertigungszeit [Tage]	30	25	≤ 25	27
P. 2: Lieferzeit [Tage]	10	3	≤ 3	3
P. 3: Kaufpreis für ein Fahrzeug [Euro]	10.000	8.000	8.000	7.000

Nachbesprechung und Erfahrungsaustausch

Die letzte Projektphase besteht darin, die Ergebnisse zu analysieren und auszuwerten: Das Unternehmen untersucht die nun erreichte Leistung der Produktionskette und beginnt mit dem Erfahrungsaustausch. Dabei ist es recht unwahrscheinlich, dass ein Unternehmen gleich auf allen Ebenen (Indikatoren) das beste wird, auch wenn es natürlich darauf hoffen kann, sich einem solchen Ergebnis anzunähern.

Schließlich sollte der Projektleiter auch die folgenden Punkte beachten, ohne die das Vorhaben nicht wirklich erfolgreich sein kann:

- **Projektnachverfolgung:** Es bringt nichts, ein einmaliges Benchmarking-Projekt auszuführen und dann damit aufzuhören. Benchmarking ist ein kontinuierlicher Verbesserungsprozess, und jedes Unternehmen, das entsprechende Maßnahmen umsetzt, sollte seine Prozesse und Produkte unablässig zu verbessern versuchen, um wettbewerbsfähig zu bleiben.
- **Change Management:** Jede große Veränderung in einem Unternehmen bedeutet auch kleine Änderungen bei der alltäglichen Arbeit. *AutoMatic* sollte sich also vergewissern, dass das Veränderungsmanagement alle betroffenen Mitarbeiter erreicht und den Sinn und Mehrwert, den jeder daraus ziehen kann (von der Einzelperson bis zum Unternehmen), erklärt.

- **Wissensmanagement:** Um die neuen Kenntnisse zu sichern, sollten sie archiviert werden. Durch Zusammenlegung von Wissen kann dieses allen zur Verfügung gestellt und innerhalb des Unternehmens weiterverbreitet werden.

ZUSAMMENGEFASST

- Benchmarking ist eine Technik zur Verbesserung von Prozessen, die auf der Analyse von bereits bestehenden Prozessen und dem Vergleich damit basiert. Die Methode wurde Ende der Siebzigerjahre von *Xerox* in die Unternehmenswelt übertragen und wird heute von den meisten Unternehmen angewendet.
- Es bestehen verschiedene Benchmarking-Formen, die sich durch den Ursprung der Informationen und die dabei verfolgten Ziele unterscheiden. Beim internen Benchmarking werden Informationen über die Funktionsweisen anderer Abteilungen des Unternehmens gesammelt, während externes Benchmarking auf Wettbewerbern und anderen Unternehmen basiert, die in ihrer Branche führend sind.
- Dank der Allgemeingültigkeit der Methode kann Benchmarking auf verschiedenste Weisen in Unternehmen angewendet werden. Es kann sich auf quasi alle Abteilungen und Bereiche beziehen – und das auf allen Hierarchieebenen. Die Motivation der Mitarbeiter und daher auch

der Einbezug der Personalverwaltung sind Schlüssel zum Erfolg des Benchmarkings.

- Wachsender Wettbewerb und die Internationalisierung der Märkte zwingen Unternehmen zu kontinuierlicher Effizienzsteigerung. Benchmarking soll Unternehmen nicht nur dazu bringen, sich zu verbessern, sondern sich auch ständig zu hinterfragen.
- Die Vorteile sind ebenfalls zahlreich: Benchmarking ermöglicht es, die Forschungs- und Entwicklungskosten zu reduzieren, da keine Prozesse von Grund auf neu entwickelt werden müssen. Der Abstand zu den Wettbewerbern wird durch Nachahmung verringert. Interne Prozesse werden verbessert bzw. durch neue Prozesse ersetzt, die ihre Effizienz schon unter Beweis gestellt haben. Außerdem können so Produkte und Dienstleistungen auf höchstem technischen Niveau angeboten werden.
- Die Methode hat auch ihre Schwächen. So muss ein Unternehmen, das sich dem Benchmarking zuwendet, darauf achten, dass die neuen Techniken mit den internen Abteilungen kompatibel sind sowie dass die Mitarbeiter zufrieden sind, die Veränderungen verstehen und akzeptieren. Schließlich sollte

das Unternehmen unbedingt vermeiden, Industriespionage zu betreiben.

- Die Auswahl der Mitarbeiter ist von enormer Wichtigkeit für den Erfolg des Benchmarking-Projekts. Aus Gründen der Leistungsfähigkeit und Glaubwürdigkeit ist es nicht nur wichtig, Aufgaben an erfahrene Mitarbeiter mit entsprechenden Qualifikationen zu übertragen, sondern auch von kollektiver Intelligenz Gebrauch zu machen.

- Total-Quality-Management kann mit der Methode kombiniert werden, indem jeder Mitarbeiter in die qualitative Verbesserung eines Produkts bzw. einer Dienstleistung miteinbezogen wird. So kann sich das Unternehmen schließlich einer Qualität mit einer Fehlerquote von null annähern.

- Schließlich kann Benchmarking wie ein normales Projekt behandelt werden: Zu den wichtigen Schritten gehören eine Vorstudie, die Wahl der Innovationspartner, die Analyse der internen wie externen Prozesse, die Implementierung neuer Methoden, die Nachverfolgung und Anpassung derselben und schließlich der Erfahrungsaustausch bzw. das Wissensmanagement.

*Ihre Meinung ist uns wichtig!
Hinterlassen Sie doch einen Kommentar auf der
Seite unserer Online-Buchhandlung
und teilen Sie Ihre Favoriten in den sozialen
Netzwerken!*

DARÜBER HINAUS

LITERATURVERZEICHNIS

- Abbot, Thomas H.: „Du benchmarking logistique au choix d'une nouvelle stratégie d'organisation". In: *Logistique & Management* 5(1) (1997). S. 113-117. http://www.logistique-management.com/document/pdf/article/5_1_76.pdf (30.05.2018).

- Bruno, Isabelle; Didier, Emmanuel: *Benchmarking. L'état sous pression statistique*. La Découverte: Paris 2013.

- Collie, Sarah L.: *Benchmarking in Higher Education*. University of Virginia. Präsentation auf Englisch. http://www.virginia.edu/processsimplification/resources/Benchmarking%20Nov%20%203.pdf (30.05.2018).

- Costa, Nathalie: *Veille et benchmarking*. Ellipses Marketing: Paris 2008.

- Fernandez, Alain: „Le TQM et la qualité totale". *Piloter.org*. Management-Portal auf Französisch. http://www.piloter.org/qualite/tqm-qualite-totale.htm (30.05.2018).

- *Office québécois de la langue française*: „Étalonnage". Seite der Behörde für französische Sprache in Québec (auf Französisch). (2006).

http://gdt.oqlf.gouv.qc.ca/ficheOqlf.aspx?Id_
Fiche=8871077 (30.05.2018).

- Piché, Pierre: „14 approches d'amélioration conti-
nue". *Quotient Lean Management*. (25.01.2011).
http://www.quotientmanagement.com/14-appro-
ches-d%E2%80%99amelioration-continue/
(30.05.2018).

- Reh, John F.: „Benchmarking Overview, Practices
and Approaches in Business". *Thebalancecareers.
com*. Karriereseite auf Englisch. (31.03.2017).
http://management.about.com/cs/benchmar-
king/a/Benchmarking.htm (30.05.2018).

- Soparnot, Richard: *Le management du changement*.
Albin Michel: Paris 2010.

- Vaisman, Olivier: „Le benchmarking ou étalonnage
concurrentiel". *Ovaisman Online*. (1999).
http://ovaisman.online.fr/dossiers/Dossier-
Benchmarking-internet.pdf (30.05.2018).

WEITERFÜHRENDE LITERATUR

- Czycholl, Harald: „Benchmarking – was heißt das
eigentlich?". In: *Deutsche Handwerks Zeitung*.
(06.03.2009).
https://www.deutsche-handwerks-zeitung.
de/benchmarking-was-heisst-das-eigent-
lich/150/3100/62972 (30.05.2018).

- Kairies, Peter: *So analysieren Sie Ihre Konkurrenz. Konkurrenzanalyse und Benchmarking in der Praxis.* Expert Verlag: Renningen 2007.

- Mertins, Kai; Kohl, Holger (Hrsg.): *Benchmarking. Leitfaden für den Vergleich mit den Besten.* Symposium: Düsseldorf 2009.

- Sun Tsu: *Über die Kriegskunst. Wahrhaft siegt, wer nicht kämpft.* Aus dem Englischen von Patrick Lindley. Marixverlag: Wiesbaden 2011.

MEHR AUF 50MINUTEN.DE

- Ben Alaya, Anis: Die Six-Sigma-Methode. Streben nach Perfektion. Aus dem Französischen von Mareike Lobeck. Plurilingua Publishing: Brüssel 2018.

- Delers, Antoine: Die Kaizen-Methode. Mit kleinen Schritten viel erreichen. Aus dem Französischen von Ruth Alvermann. Plurilingua Publishing: Brüssel 2018.

www.50Minuten.de

ISBN digitale Ausgabe: 9782808009379

ISBN gedruckte Ausgabe: 9782808010467

Pflichtexemplar: D/2018/12603/261

Cover: © Plurilingua

Digitale Aufbereitung: Primento, der digitale Partner der Herausgeber